BEI GRIN MACHT SICH IHR WISSEN BEZAHLT

- Wir veröffentlichen Ihre Hausarbeit, Bachelor- und Masterarbeit

- Ihr eigenes eBook und Buch - weltweit in allen wichtigen Shops

- Verdienen Sie an jedem Verkauf

Jetzt bei www.GRIN.com hochladen und kostenlos publizieren

Methoden des IT-Projektmanagements

GRIN ☺

Bibliografische Information der Deutschen Nationalbibliothek:

Die Deutsche Nationalbibliothek verzeichnet diese Publikation in der Deutschen Nationalbibliografie; detaillierte bibliografische Daten sind im Internet über http://dnb.d-nb.de abrufbar.

ISBN: 9783346672001
Dieses Buch ist auch als E-Book erhältlich.

Druck und Bindung: Books on Demand GmbH, Norderstedt Germany
Gedruckt auf säurefreiem Papier aus verantwortungsvollen Quellen

Das vorliegende Werk wurde sorgfältig erarbeitet. Dennoch übernehmen Autoren und Verlag für die Richtigkeit von Angaben, Hinweisen, Links und Ratschlägen sowie eventuelle Druckfehler keine Haftung.

Das Buch bei GRIN: https://www.grin.com/document/1244174

Diploma Hochschule

Private Fachhochschule Nordhessen

Studiengang Wirtschaftsingenieurwesen

Hausarbeit

Thema

Methoden des IT-Projektmanagements

Wissenschaftliche Arbeit zur Erlangung des akademischen Grades Bachelor of Engineering (B.Eng.)

Inhaltsverzeichnis

Abbildungsverzeichnis

Quellenangaben der Abbildungen:

Abbildung 1: Abbildung selbst erstellt.

PDF: Grundlagen der Wirtschaftsinformatik, Otmar Pawassarat

Abbildung 2: Abbildung selbst erstellt.

Icons von Flaticon.com.

- Hero:

  https://www.flaticon.com/premium-icon/super-hero_1338485?term=hero&related_id=1338485

- Document finish

  https://www.flaticon.com/premium-icon/verified_4808613?term=document%20finish&related_id=4808613

- Document:

  https://www.flaticon.com/free-icon/paper_2541979?term=document&page=1&position=3&page=1&position=3&related_id=2541979&origin=search

- To do list:

  https://www.flaticon.com/premium-icon/to-do-list_1718530?term=to%20do%20list&page=1&position=8&page=1&position=8&related_id=1718530

- People group:

  https://www.flaticon.com/premium-icon/people_3369137?term=people%20group&page=1&position=2&page=1&position=2&related_id=3369137&origin=search

- Product Owner:
  https://www.flaticon.com/premium-icon/leader_4059502?term=product%20owner&page=1&position=2&page=1&position=2&related_id=4059502&origin=search
- Leader:
  https://www.flaticon.com/premium-icon/leader_4059502?term=product%20owner&page=1&position=2&page=1&position=2&related_id=4059502&origin=search

Abbildung 3: Abbildung selbst erstellt.

URL: https://www.online-projektmanagement.info/agiles-projektmanagement-scrum-methode/scrum-versus-wasserfallmodell/

1 Einleitung

Das Modul ‚Grundlagen Wirtschaftsinformatik' beinhaltet als Prüfung eine Hausarbeit zu technisch-digitalen Themen. Das allgemeine Ziel einer Hausarbeit ist, eine wissenschaftliche Fragestellung selbstständig anhand von Literatur zu bearbeiten.

Das spezifische Ziel dieser Hausarbeit wiederum ist, den Ablauf des klassischen Projektmanagements anhand des Wasserfallmodells mit dem agilen Vorgehensmodell Scrum zu vergleichen.

Die Hausarbeit ist in vier Kapitel aufgebaut. Begonnen mit der niedergeschriebenen Einleitung in Kapitel eins. Das Fundament der inhaltlichen Bezüge wird von der Definition des IT-Projekts in Kapitel zwei gebildet. Darauffolgend werden im dritten Kapitel die verschiedenen Vorgehensmodelle der klassischen und agilen Methoden beschrieben. Expliziter wird es dann in den darauffolgenden Unterpunkten, bei denen das Wasserfallmodell und das Scrum-Modell sowie deren Vor- und Nachteile genauer erläutert werden. Abgerundet wird das dritte Kapitel anhand der Gegenüberstellung des Wasserfallmodells und des Scrum-Modells. Anschließend wird die Hausarbeit mit dem Fazit in Kapitel vier abgeschlossen.

2 IT-Projekt

Zum Verständnis soll zunächst definiert werden, was ein Projekt ist. „Ein Projekt ist ein Vorhaben, das im Wesentlichen durch Einmaligkeit der Bedingungen in ihrer Gesamtheit gekennzeichnet ist, wie z.B.: Zielvorgaben, zeitliche, finanzielle, personelle oder andere Bedingungen, Abgrenzungen gegenüber anderen Vorhaben und projektspezifische Organisation."[1]

Projekte werden nach **verschiedenen Projektarten** wie Bau-, Logistik-, Entwicklungs-, Qualitäts- oder IT-Projekte unterschieden.

---

[1] Dort, 2019

In der modernen Forschung wird angenommen, dass **IT-Projekte** beispielsweise die Entwicklung von Informations- und Kommunikationssystemen zum Thema haben. Sie zeichnen sich durch die Gestaltung von Software, der Auswahl und Nutzung von Hardware und den Einsatz von IT-Spezialisten als Projektmitarbeiter aus.[2]

Für eine effiziente und erfolgreiche Realisierung eines Projektes ist eine **systematische Vorgehensweise** erforderlich. Unentbehrlich ist in diesem Zusammenhang ein strukturiertes Projektmanagement, mit dem die Steuerung und die Planung aller in einem Projekt anfallenden Aktivitäten kontrolliert werden.[3]

Weiter ist für die erfolgreiche Verwirklichung des Projektes der Einsatz verschiedener **geeigneter Methoden** notwendig. Innerhalb des IT-Projektmanagements wird zwischen den traditionell-sequentiellen Vorgehensmodellen, den agilen Vorgehensmodellen, den prozessbasierten Vorgehensmodellen und den Vorgehensmodellen des Change-Managements unterschieden.[4]
Die traditionell-sequentiellen und agilen Methoden werden in den folgenden Kapiteln erläutert.

3 Methoden im IT-Projektmanagement

In der Softwareentwicklung wird zwischen den **klassischen Methoden der Vorgehensmodelle** und **agilen Methoden** unterschieden.
„Vorgehensmodelle in der Informatik bieten den Projektleitern und Programmierern eine klare Struktur und Metriken, mit denen sie den Projektstand und Erfolg messen können. Sie fördern die Kommunikation und Koordination, vermeiden Missverständnisse und vereinfachen das Management von Ressourcen wie Zeit und Geld."[5]

---

[2] vgl. Guteprojekt, o.D.
[3] vgl. Abts & Mülder, 2017, S. 428
[4] vgl. Wrike, o.D.
[5] Informatik Verstehen, 2019

3.1 Klassische Vorgehensmodelle

Unter dem Begriff der ‚klassischen Vorgehensmodelle' wird eine Vorgehensweise verstanden, bei der **konkrete Arbeitsanweisungen für die erfolgreiche
Durchführung und Realisierung** an die beteiligten Personen eines Projektes
vorgegeben werden.[6] Unter diese Bezeichnung werden verschiedene Methoden
subsumiert, die sich im Einzelnen anhand der jeweiligen Vorgehensweise unter-
scheiden. Als typische Vertreter der klassischen Modelle gelten das Wasserfallmodell, das Spiralmodell, das V-Modell XT sowie das Prototyping-Modell.[7] Die
beiden bekanntesten und am häufigsten angewendeten Methoden sind das Wasserfallmodell und das V-Modell XT.
Im Folgenden wird beispielhaft auf das Wasserfallmodell als klassisches Vorgehensmodell eingegangen.

3.1.1 Das Wasserfallmodell

Beim Wasserfallmodell handelt es sich um eine klassische Methodik, die daher
häufig in Unternehmen in der Softwareentwicklung zum Einsatz kommt. Abgelei-
tet wird der Begriff ‚Wasserfallmodell' davon, dass das Modell einem Wasserfall
ähnelt und von einer Phase zur anderen springt.

Der Aufbau des Modells zeichnet sich durch die Aufteilung in mehrere Phasen
aus, die aufeinander aufbauen. Die einzelnen Stufen müssen bereits zu Beginn
festgelegt werden. Der Sprung auf die nächste Stufe ist erst dann möglich, wenn
die vorherige Stufe abgeschlossen ist. Ist das Teilergebnis einer Phase nicht aus-
reichend, erfolgt eine Zurückstufung und der Vorgang muss wiederholt werden.

---

[6] vgl. Sophist, o.D.

[7] vgl. Datenbanken Verstehen, o.D.

Zwischen den Stufen befinden sich jeweils sogenannte Meilensteine, die als Kontroll- und Entscheidungspunkte definiert sind. Diese werden dafür genutzt, um die bisher erreichten Zwischenergebnisse des Projektes zu evaluieren.[8]

Das Wasserfallmodell besteht aus sieben Phasen: Planung, Anforderungsanalyse, Entwurf, Implementierung, Test, Integration und Einführung, Wartung/Pflege und Nutzung.[9] In Abbildung 1 ist der Aufbau des Modells mit den einzelnen Stufen dargestellt.

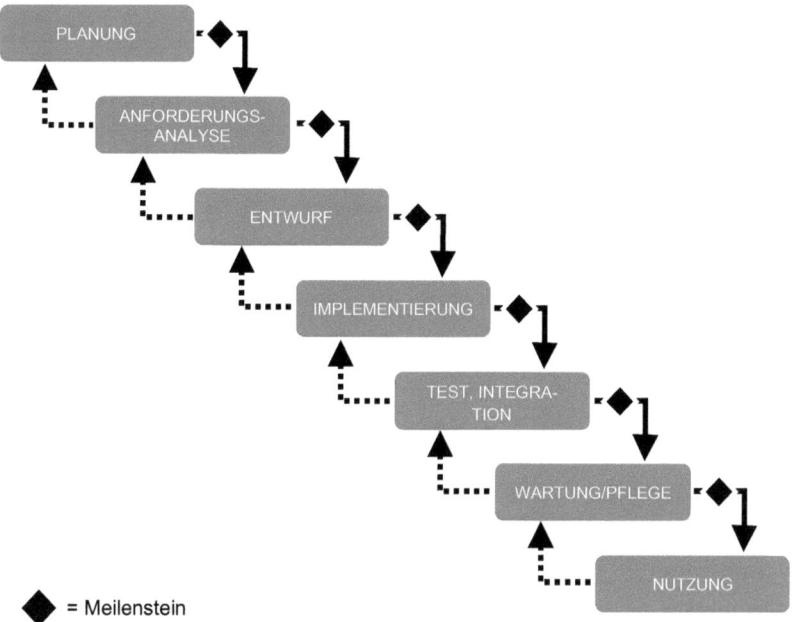

= Meilenstein

Abbildung 1: Wasserfallmodell

---

[8] vgl. Abts & Mülder, 2017, S. 432

[9] vgl. Pawassarat, 2021

3.1.2 Vor- und Nachteile des Wasserfallmodells

Der größte Vorteil des Wasserfallmodells liegt darin, dass es ein leicht verständliches Modell mit klaren Etappen ist. Durch die Setzung von Meilensteinen zwischen den einzelnen Etappen ist der Projektverlauf kontrollierbar. Auch können der Aufwand und die Kosten des Projektes leicht abgeschätzt werden. Der Kunde kann nachträglich den Auftragsumfang nicht ändern, da dies nur in der Konzeptionsphase möglich ist.

Das Modell birgt jedoch auch Risiken hinsichtlich der Berücksichtigung von neuen und zusätzlichen Anforderungen im Projektverlauf, die nicht mehr zu realisieren sind, da die vorherigen Phasen schon abgeschlossen sind. Die Testphase des Projektes erfolgt erst nach der vollständigen Entwicklung. Eingetretene Fehler können nur mit hohem Aufwand berichtigt oder entfernt und auch erst spät erkannt werden.[10]

3.2 Agile Vorgehensmodelle

Bei der agilen Projektmanagement-Methode handelt es sich um ein Vorgehensmodell, das zum Ziel hat, den gesamten Entwicklungsprozess zu senken, den bürokratischen Aufwand zu minimieren sowie mit so wenigen Regeln wie möglich auszukommen.[11]

„Das Adjektiv ‚agil' bringt zum Ausdruck, dass Management und Steuerung von Projekten und Prozessen sehr dynamisch und flexibel erfolgen, um Änderungsanträge, insbes. bezgl. des Leistungsumfangs, schnell umsetzen zu können."[12]

Durch das 2001 veröffentlichte agile Manifest hat das Vorgehensmodell im neuen Jahrtausend zunehmend an Bekanntheit gewonnen. Es besteht aus vier Kernaussagen, die das Fundament bilden.

---

[10] vgl. Abts & Mülder, 2017, S. 435

[11] vgl. Abts & Mülder, 2017, S. 439

[12] Angermeier, 2017

Diese lauten:

⇒ Über den Prozessen und Werkzeugen stehen die Individuen und Interaktionen.

⇒ Über der umfassenden Dokumentation steht eine funktionierende Software.

⇒ Mit dem Kunden zusammenzuarbeiten steht über der Vertragsverhandlung.

⇒ Über dem Befolgen eines Plans steht das Eingehen auf Veränderungen.[13]

Zur Umsetzung dieser Merkmale des agilen Manifests gehören Scrum, Kanban, Extreme Programmierung (XP) sowie das Rahmenwerk des adaptiven Projektmanagements.[14] Zur beliebtesten Methode gehört das Scrum-Modell. Dieses wird im nächsten Kapitel beschrieben.

3.2.1 Scrum

Das Scrum-Modell hat sich zu einer der bekanntesten Methode des agilen Vorgehensmodells entwickelt. Dadurch, dass es eine einfache Struktur besitzt und die Rollen des Prozesses klar definiert sind, können Projekte leicht umgesetzt werden.

Das Scrum-Team ist in drei Funktionen aufgeteilt: Es gibt den Produktverantwortlichen, das Team und den Scrum-Master. Die Rollen sind voneinander getrennt, jedoch besitzen sie alle das gleiche Ziel.

⇒ Der **Produktverantwortliche** ist zuständig für die Definition und die Priorisierung der Anforderungen und somit zur Gänze für die Produktentwicklung verantwortlich.

⇒ Das **Entwicklungsteam** ist für sich selbst zuständig und für die Entwicklung und Umsetzung des Produktes verantwortlich. Die Teammitglieder übernehmen die Aufgaben, bei denen sie sich am wohlsten fühlen. Die Aufgaben werden nicht fest zugeteilt.

---

[13] vgl. Angermeier, 2017

[14] vgl. Wrike, o.D.

⇒ Die dritte Rolle wird von einem **Scrum-Master** erfüllt, dessen Augenmerk auf dem reibungslosen Ablauf des Scrum-Modells liegt. Auftretende Hindernisse, die das Sprintziel gefährden, werden von ihm beseitigt. Des Weiteren schult er die Personen so, dass diese ihre Arbeit bestmöglich bewältigen.[15]

Die Vorgehensweise des Scrum-Prozesses ist in Abbildung 2 dargestellt. Die Aufgabe des Produktverantwortlichen ist, eine Anforderungsliste zu erstellen, die sich im **Product-Backlog** befindet. Vor jedem Entwicklungszyklus (Sprint), der in der Regel zwischen einer und vier Wochen dauert, muss klar definiert werden, welche Anforderungen umgesetzt werden sollen. Diese werden dann vom Product-Backlog, in den **Sprint-Backlog** übertragen.

Zwischen den beiden Artefakten findet ein **Sprint-Planning-Meeting** statt, bei dem die eindeutig formulierten Anforderungen besprochen werden und das Sprintziel formuliert wird. Das Meeting findet zwischen dem Produktverantwortlichen und dem Entwicklungsteam statt und wird vom Scrum-Master moderiert, der dafür sorgt, dass der Prozess ordnungsgemäß abläuft und auftretende Hindernisse beseitigt werden.

Nach diesem Meeting wählt jedes Mitglied des Entwicklungsteams eine Aufgabe aus dem Sprint-Backlog, bei der es sich am wohlsten fühlt, und erledigt diese in der Folge. Alle 24 Stunden findet ein Teammeeting statt, um den Bearbeitungsstand der abzuarbeitenden Aufgaben zu besprechen.

Ist der Sprint abgeschlossen, kommen alle drei Rollen des Scrum-Teams zusammen, um eine **Sprint-Review** durchzuführen. In diesem Rahmen werden die Ergebnisse besprochen, die innerhalb der vier Wochen erreicht wurden. Der Produktverantwortliche entscheidet sodann, ob das fertige Produkt den festgelegten Anforderungen entspricht und auslieferbar ist.

Zum Abschluss wird eine **Sprint-Retrospektive** durchgeführt. An dieser nehmen nur das Entwicklungsteam und der Scrum-Master teil, um das Vorgehen des

---

[15] vgl. Abts & Mülder, 2017, S. 439

letzten Sprints zu besprechen – welche Aspekte positiv und welche weniger positiv waren und welche Hindernisse allgemein aufgetaucht sind. Dies wird detailliert besprochen, um die aufgetretenen Probleme beim nächsten stattfindenden Sprint zu vermeiden und die Effektivität zu steigern.[16]

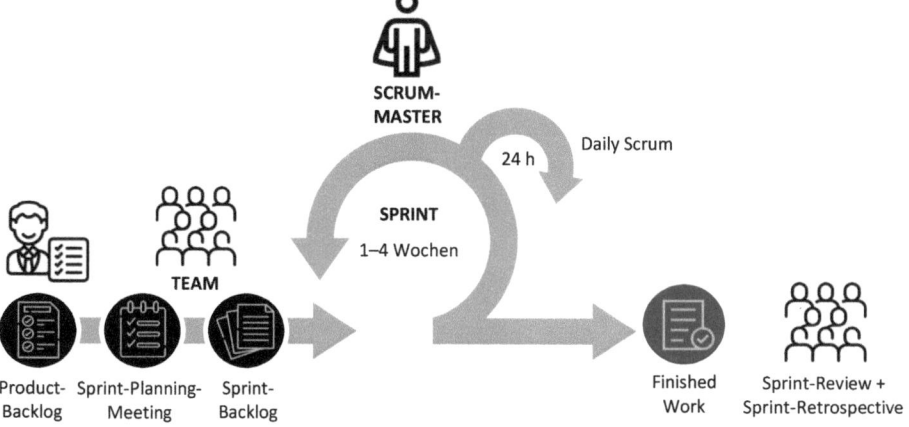

Abbildung 2: Scrum-Prozess

[16] vgl. Inwerken, 2021

3.2.2 Vor- und Nachteile Scrum

Die Anwendung des Vorgehensmodells Scrum hat sowohl Vorteile als auch Nachteile.

Zu den Vorteilen zählen:

+ Schnelles Feedback des Kunden anhand kurzfristiger Auslieferungen;
+ die Software ist durch den Verzicht langer Planungszeiten schneller einsetzbar;
+ die Methode ist einfach zu lernen;
+ hohe Qualität der Produkte, da Fehler schnell und nicht erst nach langer Entwicklungszeit erkannt werden;
+ klare Rollenverteilung (Produktverantwortlicher, Entwicklungsteam und Scrum-Master);
+ aufgrund der Tatsache, dass jeder Mitarbeiter die Arbeit durchführt, bei der er sich am wohlsten fühlt, besteht eine hohe Motivation der Mitarbeiter und
+ hohe Flexibilität.

Zu den Nachteilen der Scrum-Methode gehören:

– Es handelt sich um ein umfangreiches Rahmenwerk, wodurch ein Gesamtüberblick des Projektverlaufs nicht immer gleich möglich ist;
– neue Anforderungen können erst im nächsten Entwicklungszyklus umgesetzt werden;
– hohe Belastung durch Druck am Sprintende;
– zahlreiche zeitaufwendige Meetings und
– die Vorstellung bezüglich des Endprodukts fehlt.[17]

---

[17] Abts & Mülder, 2017, S. 440

3.3 Gegenüberstellung Wasserfallmodell und Scrum

In einem Unternehmen sollte grundsätzlich individuell entschieden werden, mit welchem Vorgehensmodell ein bevorstehendes Projekt bearbeitet werden soll, um die schnellste, produktivste und zuverlässigste Methode zu wählen. Die Entscheidung hängt schlussendlich von mehreren, verschiedenen Faktoren ab. In Abbildung 3 sind die Vorgehensweisen bei beiden Modellen nochmals näher dargestellt.

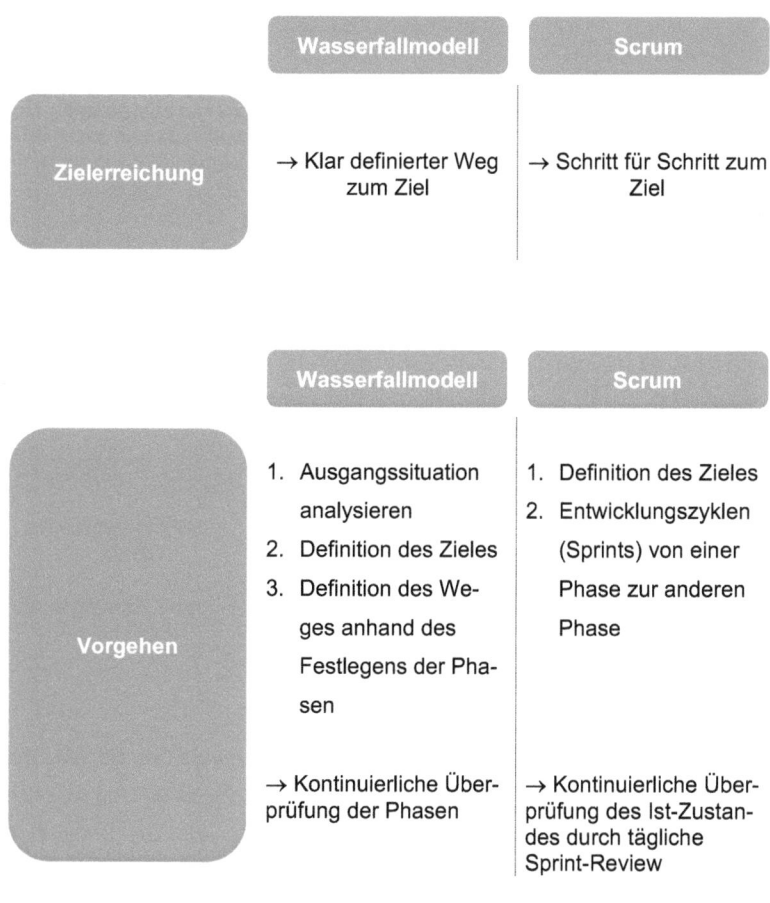

Wasserfallmodell	Scrum
Rahmenwerk	→ Festgeschriebene Methoden und Prozesse	→ Kaum Vorgaben zur Vorgehensweise → Klar definiertes Rahmenwerk zur Umsetzung

Wasserfallmodell	Scrum
Aufgaben	→ Projektleiter ist zuständig für die Zielumsetzung	→ Produktverantwortlicher ist zuständig für die Definition und die Priorisierung der Anforderungen → Scrum-Master organisiert den Scrum-Prozess

Wasserfallmodell	Scrum
Teamorganisation	→ Projektleiter leitet das Team	→ Selbstorganisiertes Team → Keine Führungskraft notwendig

Abbildung 3: Gegenüberstellung Wasserfallmodell und Scrum

Beim Wasserfallmodell handelt es sich um eine starre Methode, da der Weg vom Festlegen der Anforderungen bis zur Realisierung des Projektes lang ist, ohne, dass dabei Veränderungen möglich sind. Jedoch kann das Projekt im

Zusammenhang mit den Leistungen und den anfallenden Kosten akkurat geplant werden.

Bei der Scrum-Methode dagegen kann flexibel auf Kundenwünsche reagiert werden und Veränderungen während des Projektes sind möglich. Der Weg bis zur Realisierung ist kürzer. Verglichen mit dem Wasserfallmodell liegt der Fokus bei Scrum nicht auf der vollständigen Fertigstellung des Projektes, sondern liefert spätestens nach vier Wochen neue Features.

4 Fazit

In der vorliegenden Arbeit sollte der Unterschied zwischen den klassischen und den agilen Vorgehensmodellen aufgezeigt werden. Anhand des Wasserfallmodells der klassischen Methode und das Scrum-Modell der agilen Methoden, wurden die zwei gängigsten Modelle beschrieben.

Beide Modelle haben Ihre Vor- und Nachteile und werden in der Praxis in der heutigen Zeit immer noch regelmäßig eingesetzt.

Je nachdem wie anspruchsvoll und komplex das Projekt ist, sollte die produktivste und einfachste Vorgehensmethode eingesetzt werden, um das bestmögliche Ergebnis für den Kunden zu erzielen.

Bei Projekten, bei den eine schnelle Veränderung während des Projektes wichtig ist, wäre die Scrum Methode die bessere Wahl. Für kurze und weniger komplexe Projekte wäre das Wasserfall Modell geeigneter, da dieses ein Modell ist mit klaren Etappen.

Letztlich können beide Methoden optimal zur Umsetzung eines Projektes eingesetzt werden. Jedoch sollte vermieden werden, dass die beiden Vorgehensweisen miteinander vermischt werden.

5 Literaturverzeichnis (Dort, 2019)

Abts, D., & Mülder, W. (2017). Grundkurs Wirtschaftsinformatik. Springer Vieweg.

Angermeier. (2017).
https://www.projektmagazin.de/glossarterm/agiles-projektmanagement

Angermeier. (22.04.2017). Projekt Magazin.
https://www.projektmagazin.de/glossarterm/agiles-projektmanagement

Datenbanken Verstehen. (o.D.).
https://datenbanken-verstehen.de/datenbankentwicklung/vorgehensmodelle/

Dort. (2019). agile-master.
https://www.agile-master.de/projekt-definition/

Guteprojekt. (o.D.).
https://www.ppc.ch/images/guteprojekte/Projektarten/factsheet_IT-projekte.pdf

Informatik Verstehen. (19.10.2019).
https://www.informatik-verstehen.de/softwareentwicklung/vorgehensmodelle/

Inwerken. (08.01.2021).
https://www.inwerken.de/glossar/was-ist-scrum/

Pawassarat, O. (2021). Grundlagen der Wirtschaftsinformatik. Physica Lehrbuch.

Sophist. (o.D.).
https://www.sophist.de/unsere-themen/klassische-vorgehensmodelle/

Wrike. (o.D.). Project Management Guide, Methoden des Projektmanagements: https://www.wrike.com/de/project-management-guide/vorgehensmodelle-von-projektmanagement/